Erzählungen

von dem Leben und den Taten

des ehrwürdigen Herrn

Dr. Martin Luther,

der unverfälschten und wahren Theologie Lehrer,

treu und wahrhaftig beschrieben,
durch Herrn

Philipp Melanchthon.

Nach den Übersetzungen von Matthias Ritter, Prediger (1554)

und

Dr. F. Th. Zimmermann (1813)

Erzählungen
von dem Leben und den Taten

des ehrwürdigen Herrn

Dr. Martin Luther,

der unverfälschten und wahren Theologie Lehrer,

treu und wahrhaftig beschrieben,
durch Herrn

Philipp Melanchthon.

Impressum:
© 2016 Johanna Jung
Herstellung und Verlag: BoD-Books on Demand, Norderstedt
ISBN: 978-3-74313-872-8

Der ehrsamen und tugendhaften Frau,
Margarete von Holtzhausen,
weiland Herrn Philipp vom Rein,
hinterbliebene Witwe, meiner besonders
günstigen Frau.

Gnade, Friede, und Barmherzigkeit, von Gott, dem ewigen Vater, und seinem einigen Sohne, unserem Herrn Jesus Christus, der sich selbst für uns gegeben hat, und seinen Heiligen Geist verheißen zu senden, durch welchen wir neugeboren und geheiligt werden, zum ewigen Leben, Amen.
In dem 4. Psalm, großgünstige Frau, vermahnt der Heilige Geist alle, die auf dieser Welt für hoch und weise gehalten werden, daß sie doch einmal erkennen wollen, wie Gott seine Heiligen wunderbar führt, ihr Gebet erhöre, und sie auch erhalte, ob sie schon ein geringes Ansehen haben, und nicht in großem Reichtum und Gewalt leben, wie die anderen, so ihren Fleiß allein auf dieses zeitliche Leben schlagen. Solche Vermahnung geschieht darum desto ernstlicher, und mit mehreren Worten, nicht allein in diesem Psalm, sondern an vielen anderen Orten der Heiligen Schrift, dieweil der Menschen Sinn und Art ist, daß sie allein auf äußerliche zeitliche Dinge sehen, und der Werke Gottes nicht achten. Daher denn kommt, daß sie große Sorge und Arbeit auf sich nehmen, allein um leiblicher Nahrung und anderer weltlicher Geschäfte willen, und meinen

dann, wenn es ihnen oder anderen Leuten gerät, das sie zu gutem Glück kommen, oder aus Gefahr und Unglück errettet werden, sie haben dasselbige allein durch ihre Arbeit und Geschicklichkeit zuwege gebracht. Und hat also für und für der Heilige Geist zu klagen über solche Weltkinder, daß sie nicht verstehen, wie Gott derjenige sei, der die Seinen so wunderbar führt und errettet.

In der christlichen Kirche, da fromme, verständige Leute sind, da weiß man, daß alle Menschen nur durch Gottes Hilfe und Segen müssen erhalten werden, und das menschliche Kräfte viel zu schwach sind so große Dinge auszurichten, wie wir sehen, daß etwa geringe und wenige Personen mit Gottes Hilfe und Segen glücklich ausrichten. Insonderheit aber sehen gottselige Leute auf diejenigen, die von jedermann verlassen, verachtet, und verhaßt sind, allein um Gottes und seines Wortes willen. Da an denselbigen spürt man am meisten Gottes Macht und Beistand, da sieht man, wie Gott wunderbar handelt, und oft auch wider den gemeinen Lauf der Natur und alle Vernunft seine Gläubigen beschützt und erhält.

Die nun auf solche Exempel achthaben, und Gottes Werk recht betrachten, die können dann ihren Glauben und Vertrauen zu ihm auch dadurch stärken, dieweil sie sehen, daß Gottes Verheißungen nicht nur Worte sind, sondern auch mit der Tat täglich gehalten, und in das Werk gebracht werden. Also kann dann ein

Mensch auch für sich selbst Gott vertrauen, und in seinen eigenen Anfechtungen keck und getrost sein, Gott von Herzen in seiner Not anrufen, und beständig beharren, bis er auch an seiner Person solche wunderbare Hilfe und Erhaltung Gottes erfährt.

Solches fleißige Aufmerken des Herrn wird in solchem Spruch des 4. Psalmen gerühmt und uns darum desto höher befohlen, daß wir auch für uns selbst einen Trost dadurch bekommen. Denn also ist unser aller Natur, daß uns mehr bewegt und zu Herzen geht, was die Augen sehen, denn was allein die Ohren hören. Eben um der Ursache willen werden uns auch in der Bibel durchaus so viele Exempel vorgestellt, Als Seth, Noah, Abraham, Moses, David, Elias, und viele andere heilige Männer, und außerhalb der biblischen Bücher, in anderer heiliger Lehrer und Väter Schriften, als in Eusebius, in der Geschichte, die man nennt *Tripartitam*, und anderen dergleichen, Polycarp, Irenäus, Ignatius, Paphnutius, und unzählige viele mehr, auf daß wir an ihnen lernen, wie Gott mit seinen Heiligen pflegt zu handeln. Wie auch der Apostel zu den Römern am 15. Kapitel sagt, was zuvor geschrieben ist, das sei uns zur Lehre geschrieben, auf daß wir durch Geduld und Trost der Schrift Hoffnung haben.

Dieweil nun Gott uns in diesen letzten Zeiten, auch die Gnade getan, daß er uns viele herzliche Männer gegeben, beide im weltlichen und der Kirche Regiment, in welchen Er seine wunderbare Stärke und Hilfe, und die Kraft seines heiligen Wortes und Geistes, offenbart und bewiesen, und also uns lebendige Exempel seiner Gnaden vor Augen gestellt hat. So gebührt es sich ja, daß wir auch dankbar seien, dieselbigen nicht lassen in Vergessenheit kommen, sondern vor Augen haben, und oft bedenken, und endlich auch in Schriften verfassen, und auf unsere Nachkommen gelangen lassen. Damit alle Menschen mögen, wie nicht einmal allein, sondern allezeit Gott seine Heiligen, das ist, seine gläubige Kirche wunderbar geführt habe, und ihm darum Dank sagen, und auch desto mehr vertrauen können.

Das hatte nun der ehrwürdige Herr Philipp Melanchthon, unser lieber Präzeptor getan, und auch anderen zu solchem Fleiß gleich ein Exempel und Anreizung gegeben, in dem, daß er des heiligen Vaters Dr. Martin Luthers Leben und Taten treu und wahrhaftig beschrieben hat, dem sollen wir auch darum danken. Und ohne Zweifel, werden ihm dessen alle fromme Christen großen Dank wissen, auch noch über viele Jahre hernach.

Dieweil aber solches von ebengenanntem Herrn Philipp allein in lateinscher Sprache geschrieben, haben mich ehrliche gute Freunde, sonderlich denen Dr. Luthers seliger Wandel lange Zeit wohlbekannt gewesen ist, gebeten, dasselbige allen gemeinen Christen zugute zu verdeutschen. Wiewohl ich mich nun zuvor nicht mehr in solchem Handel geübt, habe ich mich doch dieser

Arbeit unterwunden, sonderlich dieweil ich den teuren heiligen Mann, den seligen Dr. Luther, und seine Schriften allweg hochgehalten habe, und wünsche von ganzem Herzen, daß alle Menschen in der ganzen Welt möchten wissen und wohl zu Herzen fassen, die großen Dinge, so der allmächtige Gott zu diesen unseren Zeiten, durch ihn gewirkt hat.

Wo aber dies mein Deutsch etwas schwer oder sonst nicht in allen Dingen dem Latein gleich und gemäß wäre, will ich hiermit jedermann gebeten haben, er wolle mir um obengenannter Ursachen willen, etwas nachgeben und zugutehalten, angesehen, das ich doch keinen Fleiß gespart, damit ich auf's wenigste alles deutlich und glaubhaft, wie es in dem Latein beschrieben wurde, in deutschen Sinn und Begriff übersetzte, und auch die Worte also gebrauchte und setzte, das ein jeder gemeiner Mann, die ganze Rede und Meinungen desto leichter verstehen möchte.

Dieweil nun solches mich, als einen ungeübten Dolmetscher, etwas Zeit und Mühe gekostet, habe ich auch desto lieber dem gemeinen Brauch folgen, und diese meine geringe Arbeit jemand sonderlich wollen zuschreiben, und habe anders niemand gefunden, dem ich solches billiger möchte widmen, denn Euch, günstige Frau, darum das ich allweg Sinnes gewesen, wo ich ihr etwas würde mit meiner Arbeit zuwege bringen, das zu gemeinem Brauch dienlich sein würde, dasselbige unter Eures Bruders, Herrn Justinian, meines lieben seligen Herrn und Patron, Namen ausgehen zu lassen. Damit ich ihm für seine väterliche Treue und Guttaten, so er mir von Kind auf so reichlich bewiesen hat, zum wenigsten wiederum ein dankbares Gemüt erzeige.

Nun aber, so der allmächtige Gott solchem meinem Vornehmen gewehrt, und ihn zu seinen Gnaden genommen, habe ich dennoch die Hoffnung, Ihr werdet dieses Büchlein von seinetwegen desto lieber von mir annehmen, und Euch auch damit etlichermaßen lassen gedankt sein, für Eure vielfältigen Guttaten und Hilfe, so Ihr mir zuvor samt gedachtem Eurem seligen Herrn Bruder, und jetzt nach seinem Abgang, noch mehr erzeigt. Und wiewohl dies Büchlein nach seinem Ansehen oder auch meine Arbeit, so ich daran gewendet, nicht zu vergleichen ist der Guttat so ich von Euch empfangen habe. So solle doch, und wird Euch auch (wie ich hoffe) mein guter Wille angenehm sein, zudem daß die Geschichten und Handlungen, von dem treuen Diener Gottes, dem seligen Dr. Martin Luther, den Ihr allweg liebgehabt, und durch welches Predigt Euch Gott auch erstlich zu seinem Reich berufen hat, ohne Zweifel Euch anmutig zu lesen, und in vielem Wege nütze sein wird.

So Ihr nun Euch meinen Fleiß hierin lassen wohlgefallen, werdet Ihr nicht allein Eure Gunst und geneigten Willen gegen mich damit erzeigen, sondern auch viel mehr Leute durch Euer Exempel bewegen, daß sie forthin auch desto fleißiger achtnehmen, wie der allmächtige Gott seine Heiligen so wunderbar führt. Derselbe wolle auch Euch gnädig regieren und erhalten, in wahrer Erkenntnis seines heiligen Evangeliums, in diesem zeitlichen Leben glücklich führen, und endlich zu seiner ewigen Herrlichkeit aufnehmen, Amen.

Gegeben den ersten Tag im Januar,
im Jahr nach Christi, unseres Seligmachers
Geburt 1554.

Euer dienstwilliger
Matthias Ritter, Prediger
zu Frankfurt am Main.

Erzählungen
von dem Leben
und den Taten des ehrwürdigen Herrn
Dr. Martin Luther,
der unverfälschten und wahren Theologie Lehrer,
treu und wahrhaftig beschrieben,
durch Herrn
Philipp Melanchthon.

Kapitel 1.

Einleitung.

Philipp Melanchthon

dem frommen Leser seinen Gruß.

Der ehrwürdige Mann Dr. Martin Luther hatte uns Hoffnung gemacht, selbst den ganzen Lauf seines Lebens, so wie die Veranlassungen seiner Kämpfe zu erzählen, und hätte es auch getan, wenn er nicht aus diesem sterblichen Leben zu der ewigen Gemeinschaft mit Gott und der himmlischen Kirche aufberufen worden wäre. Es wäre fürwahr sehr nütz, sowohl eine fleißig geschriebene Betrachtung seines eigenen Lebens zu haben, das voll war von Beispielen, die zur Befestigung der Frömmigkeit in guten Gemütern dienen können; als auch eine Erzählung der

Veranlassungen dieser Begebenheiten, welche die Nachkommen über viele Dinge unterrichten könnte; zudem würde sie auch die Verleumdungen derer widerlegen, die da vorgeben, daß er, angetrieben von Fürsten oder anderen Leuten, das Ansehen der Bischöfe zu stürzen, oder von eigener Leidenschaft entbrannt, die Ketten der Mönchsherrschaft zerbrochen habe.

Es wäre also wohl zu wünschen, daß dieses vollständig und ausführlich von ihm auseinandergesetzt und erzählt worden wäre. Denn obgleich Böswillige ihm das bekannte Sprichwort vorgeworfen haben würden: *Er singt sein eigenes Lob!* so wissen wir dennoch, daß er eines so ernsten Gemüts gewesen, daß er mit gewissenhafter Treue seine Geschichte erzählt haben würde. Auch leben noch viele redliche und verständige Männer, die, wie er wußte, mit dem Laufe dieser Begebenheiten genügsam bekannt waren, daß es lächerlich gewesen sein würde, von sich, wie zuweilen in Gedichten geschieht, eine fremde Geschichte zu ersinnen. Diewiel aber der verhängte Tag seines Todes die Herausgabe einer solchen Geschichte vereitelt hat, so wollen wir von denselben Dingen das, was wir teils von ihm selbst gehört, teils selbst gesehen haben, getreulich und mit Wahrheit erzählen.

Kapitel 2.

Vaterland, Familie und Geburt Luthers.

Es ist ein altes und weit verbreitetes Geschlecht mittelmäßigen Standes, *Luther* genannt, in der Herrschaft des erlauchten Grafen von Mansfeld. Die Eltern Martin Luthers aber wohnten in dem Städtchen Eisleben, da er auch geboren ist, und zogen nachher gen Mansfeld, allwo der Vater, Hans Luther, ein obrigkeitliches Amt verwaltete, und ob seiner Rechtschaffenheit allen Guten sehr lieb und wert war.

Seine Mutter Margarethe, Hans Luthers Ehegemahl, besaß alle übrigen Tugenden, die einer ehrbaren Matrone wohl anstehen; insonderheit aber zeichnete sie sich aus durch Keuschheit, Gottesfurcht und Andacht, so daß auch alle anderen ehrbaren Frauen auf sie, wie auf ein Vorbild der Tugenden hinschauten. Dieselbe hat mir einige Mal auf meine Frage, zu welcher Zeit ihr Sohn geboren worden, geantwortet, daß sie des Tages und der Stunde sich wohl erinnere, aber über das Jahr ungewiß sei. Sie versicherte mir aber, daß er am zehnten des Monats November, in der Nacht nach elf Uhr, geboren, und daß der Name Martin dem Kinde darum gegeben worden sei, weil der nächste Tag, da dasselbe durch die Taufe in die Gemeinde Gottes aufgenommen worden, der Martinstag gewesen sei. Sein Bruder Jakob aber, ein biederer, redlicher Mann, versicherte, die Meinung der Familie über das Alter des Bruders sei durchgängig gewesen, daß er im Jahre Christi 1483 geboren sei.

Kapitel 3.

Seine ersten Studien zu Eisleben, Magdeburg und Eisenach.

Nachdem er die Jahre erreicht hatte, die zur Unterweisung geschickt sind, hielten die Eltern ihren Sohn Martin durch häusliche Zucht fleißig zur Erkenntnis und Furcht Gottes, und zur Übung der anderen Tugenden, und sorgten auch, nach dem Brauch ehrsamer Leute, daß er Lesen und Schreiben lernte, und trug ihn der Vater des Georg Aemelius, als Luther noch klein war, in die Schule; welcher, da er noch am Leben ist, die Wahrheit dieser Erzählung bezeugen kann. Es standen aber damals die Grammatikalschulen in den sächsischen Städten in ziemlicher Blüte; darum auch Martin, als er das vierzehnte Jahr erreicht hatte, gen Magdeburg geschickt wurde, zugleich mit Johann Reineck, dessen Tugend nachmals so ausgezeichnet, und dessen Ansehen in diesen Landen, um seiner Tugend willen, groß gewesen ist; auch ist die gegenseitige Freundschaft zwischen diesen beiden, Luthers und Reinecks, allezeit vorzüglich gewesen, ob sie nun von natürlicher Zuneigung, oder von jener Gemeinschaft ihrer jugendlichen Studien herrühren mochte. Doch blieb Luther nicht länger als ein Jahr zu Magdeburg.

Nachher hörte er auf der Eisenachischen Schule, vier Jahre lang, einen Lehrer, der die Grammatik gründlicher und geschickter lehrte, als sie anderswo gelehrt wurde. Denn ich erinnere mich, wie Luther dessen Gaben lobte. Er wurde aber in diese Stadt geschickt, weil seine Mutter von einer ehrlichen und alten Familie daselbst herstammte. Hier lernte er seine Grammatik aus, und da er sowohl einen ausgezeichneten Verstand besaß, als besonders zur Wohlredenheit Anlage hatte, eilte er schnell seinen Mitschülern voran, und übertraf sowohl im Ausdruck und Reichtum der Rede im Sprechen, als auch im Schreiben, in ungebundener Rede, so wie in Versen, leicht die übrigen Jünglinge, die mit ihm lernten.

Kapitel 4.

Sein Leben auf der Universität zu Erfurt.

Nachdem er also die Lieblichkeit der Wissenschaften gekostet hatte, strebte er, von Natur brennend vor Lernbegierde, nach der hohen Schule, als dem Urborn alles Wissens. Und mit einer solchen Kraft des Geistes hätte er auch leicht alle Künste und Wissenschaften ergründen können, wenn er geschickte Lehrer gefunden hätte; und vielleicht würden auch zur Milderung seines von Natur heftigen Gemütes die freundliche und sittige Lehre der wahren Philosophie, und die Sorgfalt, die er auf die Ausbildung der Rede verwandte, vieles beigetragen haben. Aber er verfiel zu Erfurt in die ziemlich dornige Dialektik seines Zeitalters, welche er mit dem Scharfsinn seines Geistes, vermöge dessen er Grund und Ursachen der Lehrsätze besser einsehen lernte, als die übrigen, schnell ergriff.

Da sein lernbegieriger Geist aber immer Mehreres und Besseres verlangte, las er selbst die meisten Denkmäler der alten lateinischen Schriftsteller, den Cicero, Vergil, Livius und andere. Diese las er also, daß er nicht, wie die Knaben, nur Worte daraus nahm, sondern als Lehre oder Bildnisse des menschlichen Lebens. Daher sah er auch die Absichten und Meinungen dieser Schriftsteller genauer an, und wie er denn ein treues und hervorragendes Gedächtnis hatte, so war ihm auch das Vorzüglichste, so er gelesen oder gehört, stets gegenwärtig und vor Augen. So ragte er also schon in seiner Jugend hervor, daß sein Verstand auf der ganzen hohen Schule Bewunderung erregte.

Nachdem er also, zwanzig Jahre alt, mit dem Grade eines Magisters der Philosophie beehrt worden, begann er, nach dem Rate seiner Verwandten, die der Meinung waren, daß solche Gaben des Geistes und der Rede an den Tag und zum Dienste des gemeinsamen Besten hervorgezogen werden müßten, die Rechtswissenschaft zu erlernen.

Kapitel 5.

Sein Mönchsleben im Augustinerkloster zu Erfurt.

Aber bald nachher, da er nun einundzwanzig Jahre alt war, kam er ganz unversehens, und wider alle Meinung seiner Eltern und Verwandten, ins Augustinerkloster zu Erfurt, und begehrte, man wolle ihn aufnehmen. Da er aber aufgenommen war, lernte er nun nicht bloß mit dem tätigsten Eifer die Lehre der Kirche, sondern hielt sich auch mit der größten Strenge nach der Zucht des Klosters, und tat es in allen Übungen mit Lesen, Disputieren, Fasten und Beten, allen weit zuvor. Er bedurfte aber von Natur, daß ich mich oft gewundert habe, bei seinem weder kleinen, noch schwachen Körper, nur sehr wenig Speise und Trank; ich habe ihn zu Zeiten, ob er schon gesund war, vier Tage hintereinander durchaus nichts essen oder trinken, auch sonst oft, lange Zeit, täglich mit wenig Brot und einem Hering sich begnügen sehen.

Die Veranlassung aber diese Lebensart zu ergreifen, die er der Frömmigkeit und dem Erlernen von Gotteswort für angemessener hielt, war, wie er selbst erzählte und wie viele wissen, folgende: Oft, wenn er aufmerksamer dem Zorne Gottes, oder den wunderbaren Strafgerichten desselben nachdachte, ergriffen ihn alsbald solche Schrekken, daß er davon schier vergangen wäre. Und ich habe es selbst gesehen, wie er einmal bei einer

Disputation über einen Lehrsatz, wegen allzu gespannter Aufmerksamkeit so erschüttert worden, daß er sich in eine nahe Kammer auf das Bett legen mußte, wo er unter Anrufungen des Höchsten häufig wiederholt den Spruch einmischte: *Conclusit omnes sub peccatum, ut omnium misereatur*[1]. Solche Schrecken fühlte Luther entweder zum ersten, oder doch zum heftigsten in dem Jahre, wo er einen teuren Freund, ich weiß nicht durch welchen Unfall getötet, verloren hatte.

Also nicht Armut, sondern der Eifer der Frömmigkeit hat ihn zu jenem Mönchsleben getrieben; und wiewohl er in demselben die in den Schulen gebräuchliche Wissenschaft täglich erlernte, und die sogenannten Sententiarier[2] las, auch in den öffentlichen Disputationen die anderen unauflösbaren Irrungen[3] zur Bewunderung vieler, beredt entwickelte: so betrieb er dennoch, dieweil er in dieser Lebensart nicht Ruhm des Geistes zu erjagen, sondern Nahrung der Gottesfurcht suchte, diese Studien alle nur wie Nebendinge, und merkte bald, wie er in jene scholastischen Methoden sich zu schicken habe. Inzwischen las er mit Eifer die Quellen der göttlichen Lehre, nämlich die Schriften der

---

[1] „Gott hat alles beschlossen unter dem Unglauben, auf das er sich aller erbarme." Röm. Kap. 11, V. 32.
[2] Diesen Namen führten die Anhänger eines der berühmtesten Scholastiker, des Petrus Lombardus, „Magister sentiarium" genannt.
[3] Der Dialektik.

Propheten und Apostel, damit er seine Seele unterrichtete vom Willen Gottes, und sicher Zeugnis hätte, seine Gottesfurcht und seinen Glauben zu nähren und zu stärken. Daß er aber diesem Bemühen umso eifriger sich ergab, dazu gaben ihm jene Qualen und Ängsten große Ursache.

Auch erzählte er, daß er im Augustinerkollegium zu Erfurt oft durch eines Alten Reden sehr gestärkt worden sei. Denn als er demselbigen seine Gewissensqualen mitgeteilt hatte, so hörte er ihn vieles reden vom Glauben, erzählte auch, wie er von ihm auf das Hauptstück des Glaubens gewiesen worden sei, in welchem gesagt wird: *ich glaube an eine Vergebung der Sünden.* Diesen Artikel hatte jener ihm so ausgelegt, daß nicht bloß im Allgemeinen zu glauben sei, daß nur Einige Vergebung erlangten, wie auch die Teufel glauben, daß dem David oder Petrus vergeben werde; sondern der Befehl Gottes sei, daß unser jeder insonderheit glauben sollte, ihm werde seine Sünde vergeben. Diese Auslegung werde auch bestätigt durch den Ausspruch des heiligen Bernhard; indem er ihm eine Stelle zeigte aus der Predigt von der Verkündigung, wo die Worte stehen: *Dazu sollst du auch glauben, daß durch ihn dir deine Sünden vergeben werden. Dies ist das Zeugnis, das der Heilige Geist in dein Herz gegeben hat, wenn er sagt: Dir sind deine Sünden vergeben. Denn so ist die Meinung*

des Apostels, daß der Mensch, ohne Verdienst, gerechtfertigt werde, durch den Glauben[4].
Durch diese Rede, sagte Luther, sei er nicht bloß gestärkt, sondern auch erinnert worden, was allenthalben die Meinung Paulus' sei, der so oft den Spruch einschärft: *Durch den Glauben werden wir gerecht*[5]. Da er nun darüber vieler Auslegung gelesen, so habe er damals erst, sowohl aus des Alten Gesprächen, als auch aus der Tröstung seines eigenen Gemüts, die Nichtigkeit der Erklärungen, die damals im Schwange gingen, bemerkt. Nach und nach, je mehr er die Aussprüche und Beispiele, die in den Propheten und Aposteln aufgeführt werden, las und gegeneinander hielt, und mit täglichem Gebet sich im Glauben bestärkt, wurde es vor ihm immer heller.
Damals fing er auch an des heiligen Augustinus Schriften zu lesen, worin er, sowohl in der *Auslegung der Psalmen*, als auch in dem Buche *vom Geist und Buchstaben*, viele klare Gedanken fand, die jene Lehre und Tröstung vom Glauben, die in seiner Brust war angezündet worden, bestätigten. Doch ließ er auch die Sententiarier nicht ganz liegen. Den Gabriel Biel und Peter von Ailly konnte er schier von Wort zu Wort auswendig sagen, lange und fleißig las er Occams Schriften, und schätzte dessen Scharfsinn höher, als des Thomas und Scotus. Auch den Gerson hatte er fleißig gelesen. Aber besonders hatte er alle

---
[4] Röm. Kap. 3.
[5] Gal. Kap. 3, V. 24. und anderswo.

Schriften des Augustinus sowohl oft gelesen, als auch am besten behalten.

Solchen nachdrücklichen Eifer fing er an zu Erfurt, wo er im Augustinerkloster vier Jahre lang gewesen ist.

Kapitel 6.

Wie er zu Wittenberg als Professor gelebt.

Weil nun zu derselben Zeit der hochwürdige Doktor Staupitz, der bei der Anlegung der hohen Schule zu Wittenberg mittätig gewesen war, auch die Gottesgelehrtheit auf der neuen Schule recht empor zu bringen wünschte, und er die vortrefflichen Anlagen und Gelehrsamkeit Luthers in Erwägung gezogen; so versetzte er ihn, im Jahre 1508, im siebenundzwanzigsten seines Alters, nach Wittenberg. Hier unter den täglichen Übungen in der Schule und im Predigen kamen seine ausgezeichneten Geistesgaben immer mehr ans Licht; und da ihn sehr einsichtsvolle Männer, wie Doktor Martin Mellerstadt und andere fleißig gehört hatten, sagte Mellerstadt oft, in diesem Manne wohne eine solche Kraft des Geistes, daß er zum Voraus ahne, derselbe werde der gemeinen Lehrart, die damals in den Schulen einzig üblich war, gewiß eine andere Gestalt geben. Hier lehrte er anfangs die Dialektik und Physik des Aristoteles; doch unterließ er inzwischen niemals, theologische Schriften zu lesen. Drei Jahre nachher reiste er nach Rom, wegen einiger Streitigkeiten zwischen den Mönchen; und als er in demselben Jahre wieder zurückgekehrt war, wurde er, nach üblichem Brauch der hohen Schulen, indem der Herzog Friedrich, Kurfürst zu Sachsen, die Kosten dazu hergab, mit dem Doktorgrade beehrt, wie man zu reden pflegt. Dieser Fürst hatte ihn nämlich predigen gehört, und sowohl die hohe Kraft seines Geistes, als auch den Nachdruck seiner Rede, und die Vortrefflichkeit der vorgetragenen Lehren bewundert. Damit du aber begreifest, o Leser, daß ihm jene Würde bei gehöriger Reife des Geistes erteilt worden sei, so wisse, daß Luther damals schon dreißig Jahre alt gewesen. Er erzählte selbst, daß ihm, da er sich nachdrücklich geweigert und gesträubt habe, von Staupitz anbefohlen worden sei, sich diese Würde erteilen zu lassen, und wie derselbe im Scherz gesagt habe, daß Gott schon viel in seiner Kirche zu tun bekommen werde, wozu er seiner Dienste gebrauchen würde. Und diese Rede, wiewohl sie damals in Scherz gesprochen worden, ist dennoch in Erfüllung gegangen: wie denn viele Vorhersagungen künftigen Umwandlungen vorausgehen.

Darauf fing Luther an den *Brief an die Römer* auszulegen, und nachher die *Psalmen*. Diese Schriften erläuterte er so, daß, nach dem Urteil aller Frommen und Einsichtsvollen, wie nach einer langen und finsteren Nacht ein neuer Tag über die Lehre aufzugehen schien. Hier zeigte er den Unterschied zwischen Gesetz und Evangelium; hier widerlegte er den Irrtum, der damals in den Schulen und Kirchen herrschend war, welcher lehrt, daß die Menschen durch ihre eigenen Werke Vergebung der Sünden verdienen, und daß die Menschen vor Gott gerecht seien durch äußere Zucht, wie die Pharisäer gelehrt haben. Also rief Luther die Gemüter der Menschen wiederum zurück zum Sohne Gottes, und wie der Täufer das Lamm Gottes zeigte, das der Welt Sünde getragen hat, so wies er, daß die Sünden vergeben werden ohne unser Verdienst, um des Sohnes Gottes willen, und daß diese Wohltat durch den Glauben erlangt werden müsse. Auch erläuterte er die übrigen Teile der christlichen Glaubenslehre.

Kapitel 7.

Seine ersten Versuche einer Reform in der Theologie.

Ein solcher Anfang in einer so ruhmvollen Laufbahn verschaffte unserem Luther großes Ansehen, zumal da auch seine Sitten mit der Rede des Lehrenden übereinstimmten, und seine Worte nicht bloß über die Lippen, sondern aus dem Herzen zu kommen schienen. Diese Bewunderung eines untadeligen Lebens erwarb ihm in den Gemütern der Zuhörer große Zuneigung, und wie schon die Alten sagten: *Tadelloser Wandel findet den festesten Glauben.*

Als er daher nachmals einige aufgenommene Gebräuche abänderte, so waren ihm die tugendsamen Männer, die ihn kannten, minder heftig entgegen, und stimmten ihm, wegen des Ansehens, das er sich sowohl durch die Erläuterung wohltätiger Lehren, als durch die Unbescholtenheit seiner Sitten zuvor erworben hatte in denjenigen Grundsätzen bei, in welchen sie, zu ihrem großen Leidwesen, die Welt im Widerstreit sahen.

Doch änderte Luther zu der Zeit noch nichts in den Gebräuchen; im Gegenteil war er ein strenger Hüter der äußeren Zucht unter den Seinen. Auch hat er damals noch nichts von seinen strittigen Meinungen eingemischt, sondern erklärte immer mehr und mehr jene allgemeine, und durchaus für alle notwendige Lehre, von der Buße, von der Vergebung der Sünden, vom Glauben, und von den rechten Tröstungen im Kreuz. Von der Lieblichkeit dieser Lehre wurden alle Frommen innigst ergriffen, und auch den Gelehrten war es angenehm, daß Christus, samt den Propheten und Aposteln, gleichsam aus der Finsternis, dem Kerker und Schmutz herausgezogen wurden; daß der Unterschied eingesehen ward zwischen Gesetz und Evangelium, zwischen den Verheißungen des Gesetzes und der Verheißung des Evangeliums, zwischen menschlicher Philosophie und evangelischer Lehre, (davon wenigstens im Thomas, Scotus und ähnlichen nichts zu finden war), zwischen der geistigen Gerechtigkeit und der weltlichen Ordnung.

Dazu kam auch, daß durch Erasmus Schriften der Fleiß der Jugend zur Kenntnis der griechischen und lateinischen Sprache schon eingeladen worden war; also, daß viele, mit vorzüglichen Fähigkeiten und freiem Sinn begabte, nachdem sie diese angenehmere Weise der Lehre kennengelernt hatten, anfingen jener barbarischen und sophistischen Mönchsgelehrsamkeit Feind zu werden.

Luther selbst fing an sich eifrig auf die Erlernung der griechischen und hebräischen Sprache zu legen, damit er, wenn er die Eigenheit und Zusammensetzung der Rede kennengelernt, und die Lehre aus dem rechten Brunnen geschöpft habe, um so geschickter den rechten Sinn finden könne.

Kapitel 8.

Sein Streit mit Tetzel.

Während Luther damit sich beschäftigte, wurden Ablaßbriefe in diesen Gegenden käuflich herumgetragen von Tetzel, einem Dominikaner, dem unverschämtesten Lästerer, von dessen gottlosen und schändlichen Predigten aufgereizt, Luther im gottesfürchtigen Feuereifer, etliche *Sätze vom Ablaß* ausgehen ließ, (die nun im ersten Bande seiner Werke gedruckt stehen) und dieselben öffentlich an die Schloßkirche zu Wittenberg anschlug, am Allerheiligenabend im Jahre 1517.

Tetzel aber, sich gleich bleibend, und hoffend bei dem römischen Bischof sich Dank zu verdienen, berief seinen Rat zusammen, einige Mönche und Theologen, die in seiner losen Sophistik ziemlich bewandert waren; und diesen befahl er etwas wider Luther zu schreiben. Er selbst auch inzwischen, um nicht stumme Person zu sein schleudert nicht bloß Predigten, sondern Bannstrahlen auf ihn ab; schreit allenthalben, daß dieser Ketzer durch Feuer vertilgt werden müsse, wirft auch Luthers Sätze und Predigt vom Ablaß öffentlich in die Flammen. Diese Rasereien des Tetzel und seiner Spießgesellen legen Luther die Notwendigkeit auf, umständlicher von diesen Dingen zu handeln, und die Wahrheit zu verteidigen.

Dies war der Anfang dieses Zwiespaltes, in welchem Luther, noch nichts ahnend oder auch nur träumend von zukünftiger Veränderung der Kirchengebräuche, noch nicht gar die Ablaßbriefe gänzlich verwarf, sondern nur besonnene Mäßigung dabei verlangte.

Darum lügen ihn diejenigen fälschlich an, die da behaupten, er habe vom Ablaß nur den Vorwand hergenommen, um in Zukunft die weltliche Ordnung zu verändern, und sich und anderen Macht und Herrschaft zu verschaffen.

Auch ist es so unwahr, daß er von Fürsten und Hofleuten angestiftet und aufgereizt worden sei, wie der Herzog von Braunschweig geschrieben hat; daß vielmehr Herzog Friedrich sehr bekümmert gewesen ist, daß Uneinigkeiten entstehen;

weit hinausschauend, daß, wiewohl der Anfang über eine gerechte Sache entstanden, dennoch die Flamme immer weiter um sich greifen werde, wie bei Homer von der Zwietracht gesagt wird:

Die erst klein von Gestalt einherschleicht; aber in kurzem hebt sie hoch an den Himmel das Haupt, und geht auf der Erde.

Kapitel 9.

Veranstaltungen des Kurfürsten, ihn betreffend.

So wie einzig unter allen Fürsten unserer Zeit Friedrich die öffentliche Ruhe am stärksten liebte, und am wenigsten auf eigenen Vorteil bedacht, seine Anschläge am meisten auf die gemeinsame Wohlfahrt der Welt zu beziehen gewohnt war, wie aus vielen Dingen ersehen werden kann: so hetzte er auch weder Luther auf, noch gab er ihm Beifall, und gab oft seine Bekümmernis zu erkennen, die er, größere Zwietracht fürchtend, fortdauernd mit sich herumtrug. Indessen tat dieser weise Fürst, nicht allein weltlichem Urteil folgend, das die leisen Anfänge aller Veränderungen schleunigst zu ersticken befiehlt, sondern auch göttliche Vorschrift zu Rate ziehend, welche das Evangelium zu hören gebietet, und der erkannten Wahrheit zu widerstreben verbietet, welche die der Wahrheit sich widersetzende Hartnäckigkeit eine Gotteslästerung nennt, die Gott zum Furchtbarsten verdammt, - er tat darum, was viele andere fromme und weise Menschen getan, er wich Gott, las aufmerksam das, was geschrieben wurde, und wollte, was ihm Wahrheit zu sein schien, nicht vertilgen.

Ich weiß auch, daß er oftmals über diese Vorfälle die Meinungen der Gelehrten und Weisen erforscht, und auf dem Reichstage, den Kaiser Karl V. nach seiner Krönung zu Köln hielt, den Erasmus von Rotterdam freundlich gebeten hat, daß er ihm freimütig sagen sollte, ob er glaube, daß Luther in den strittigen Sätzen irre, wovon er hauptsächlich gehandelt habe. Da sagte ihm Erasmus unverhohlen, daß Luther eine rechte Meinung habe, daß er aber eine glimpflichere Weise an ihm wünsche. Als darauf Herzog Friedrich hierüber nachdrücklichst an Luther schrieb, vermahnte er ihn hoch, daß er die Rauhheit seiner Schreibart mäßigen solle.

Es ist auch bekannt, daß Luther dem Kardinal Cajetan Stillschweigen hat versprechen wollen, wenn seinen Gegnern gleichfalls Stillschweigen auferlegt würde. Woraus deutlich hervorgeht, daß er zu der Zeit noch nicht entschlossen gewesen sei, in der Folge noch andere, neue Streitigkeiten anzuheben, sondern Ruhe und Frieden begehrt habe; daß er aber allmählich zu anderen Veranlassungen des Streits gezogen worden sei, als ungelehrte Schreiber ihn von allen Seiten her angriffen.

Kapitel 10.

Fortgang der Reformation.

Es folgte also nun allerlei Gezänk über den Unterschied der göttlichen und menschlichen Gebote, von der frevelen Entweihung der Mahlzeit des Herrn, indem man dieselbe verkaufte und auf andere übertrug. Hier war vonnöten, eine gründliche Erklärung vom Opfer zu geben, und den rechten Gebrauch der Sakramente zu zeigen. Da nun fromme Leute in den Klöstern hörten, daß der Götzendienst verlassen werden müsse, fingen sie an, diesem gottlosen Dienste zu entsagen.

Darum fügte Luther zu der Erklärung der Lehre von der Buße, der Vergebung der Sünden, dem Glauben und dem Ablaß, nachher weiter noch folgende Lehren: Über den Unterschied der göttlichen und menschlichen Gebote, vom rechten Brauch des heiligen Nachtmahls und der übrigen Sakramente, und von den Gelübden. Und dies waren die hauptsächlichsten Streitpunkte. Die Frage von des Papstes Gewalt brachte zuerst Eck in Anregung, aus keiner anderen Ursache, als um den Haß des Papstes und der Könige gegen ihn zu entflammen.

Die Glaubensbekenntnisse, das apostolische, das nicänische und athanasianische, hat Luther rein und lauter beibehalten. Darauf hat er, was und warum in Kirchengebräuchen und Menschensatzungen zu ändern sei, umständlich genug in vielen Schriften auseinandergesetzt; auch was er beibehalten wissen wollen, und welche Gestalt der Lehre und Verwaltung der Sakramente ihm gefallen habe, sieht man deutlich aus dem Glaubensbekenntnis, welches Herzog Johannes, Kurfürst von Sachsen, und Fürst Philipp, Landgraf zu Hessen, auf dem Reichstage zu Augsburg dem Kaiser Karl V. im Jahre 1532 überantwortet haben. Dasselbe kann man auch sehen aus den Gebräuchen unserer Kirche in dieser Stadt selbst, und aus der Lehre, die unsere Kirche laut verkündet, und deren Hauptinhalt in dem genannten Bekenntnis deutlich zusammengefaßt ist. Dies sage ich deshalb, damit die Frommen nicht allein erwägen, welche Irrtümer Luther angegriffen, welche Abgötterei er verdrängt habe; sondern, daß sie auch wissen, daß er die ganze wesentliche Lehre der christlichen Kirche zusammengefaßt, und sowohl Reinheit in den Kirchengebräuchen wieder hergestellt, als auch den Gottesfürchtigen ein Beispiel aufgestellt habe, wie sie Kirchen recht einrichten sollen. Auch ist es nütz, daß die Nachwelt wisse, was Luther für recht und gut befunden habe.

Kapitel 11.

Fortsetzung.

Das will ich allhier nicht melden, welche zuerst öffentlich das Nachtmahl in beiderlei Gestalt ausgeteilt haben, wer zuerst die Winkelmessen unterlassen habe, wo zuerst die Klöster verlassen worden seien. Denn Luther hatte von diesen Dingen vor dem Reichstage, der zu Worms im Jahre 1521 gehalten wurde, nur wenig gesprochen. Die Kirchengebräuche hat er auch nicht selbst umgeändert, sondern in seiner Abwesenheit haben es Karlstadt und andere getan. Und da Karlstadt einiges zu aufrührerisch abgetan hatte, so hat nachher Luther, als er zurückkehrte, was er gut heiße oder nicht, durch öffentlich ausgegebene Zeugnisse seiner Meinung deutlich an den Tag gelegt.

Wir wissen, daß Männer, die an weltlicher Herrschaft stehen, alle Neuerungen heftig verabscheuen; und man muß gestehen, daß mit Zwietracht, auch über die gerechtesten Ursachen erhoben, in dieser traurigen Verwirrung des menschlichen Lebens immer manches Übel verbunden sei. Gleichwohl muß man auch zugeben, daß in der Kirche Gottes Gebot höher gehalten werden müsse, denn alle menschlichen Dinge. Denn also hat der ewige Vater vom Sohne geredet: *Dies ist mein lieber Sohn, den höret*[6]; und er droht ewigen Zorn den Gotteslästerern, das heißt denen, die die erkannte Wahrheit zu vertilgen versuchen. Daher war es eine fromme und notwendige Pflicht Luthers, zumal da er ein Lehrer der Kirche Gottes war, die verderblichen Irrtümer zu strafen, welche epikureische Men-

---

[6] Mark. Kap. 9, V. 6.

schen noch durch neue Schamlosigkeit vermehrten; und die Zuhörer müssen dem recht Lehrenden notwendig beistimmen. Wenn aber alle Neuerung verhaßt ist, wenn mit Zwietracht viele Übel verbunden sind, wie wir denn, zu unserem großen Schmerz, nur zu viele gewahr werden, so ist dies die Schuld derer, die anfangs Irrtümer verbreiteten, dann aber derer, die sie noch mit teuflischem Haß unterhalten.

Solches rede ich nicht nur darum, daß ich Luther und seine Zuhörer verteidige, sondern auch, damit fromme Gemüter zu dieser Zeit und in der Zukunft erwägen, welcherlei das Regiment der wahren Kirche Gottes sei und immer gewesen sei, wie Gott sich durch das Wort des Evangeliums eine ewige Kirche aus diesem Sündenhaufen, das heißt, aus dem großen Zusammenfluß von Menschen, sich aussuche, unter welchen das Evangelium leuchte, wie ein Fünklein in der Finsternis. So wie zur Zeit der Pharisäer dennoch Zacharias, Elisabeth, Maria und viele andere die wahre Lehre unter sich bewahrten, so sind auch vor dieser Zeit viele gewesen, die aus rechtem Herzen Gott angerufen haben, indem einige mehr, andere weniger deutlich die Lehre des Evangeliums innehatten. Ein solcher war auch jener Alte, von dem ich gesprochen habe, der Luther im Kampfe mit seinen Ängsten oft aufgerichtet hat und ihm gewissermaßen Wegweiser war zur Lehre vom Glauben. Ebenso flehen wir auch mit heißen Wünschen, daß Gott noch fürderhin das Licht des Evangeliums erhalte, wie Jesaia für seine Zuhörer bittet: *Versiegele das Gesetz in meinen Jüngern*[7]. Überdies zeigt auch diese Erzählung, daß übertünchter Aberglaube nicht dauerhaft sei, sondern durch göttliche Schickung ausgerottet werde. Und dieweil dies die Ursache ist aller Neuerungen, so muß man Verhüten, daß nicht Irrtümer in der Kirche gelehrt werden.

Kapitel 12.

Fortsetzung.

Doch ich komme auf Luther zurück. So wie er vom Anfang an ohne besondere Leidenschaft diese Sache begonnen hat, ebenso hat er auch, ob er schon von heftiger und zorniger Gemütsart war, dennoch stets seines Amtes eingedenk, nur durch Lehre gestritten, und hat verboten die Waffen zu ergreifen, und weise unterschieden zwischen den durchaus verschiedenen Pflichten eines Bischofs, der die Kirche Gottes lehrt, und der weltlichen Obrigkeit, die die Menge bei gewissen Veranlassungen durch das Schwert im Zaume halten soll.
Darum als der Teufel, der durch allerlei Ärgernis die Kirche zu trennen und Gott Schmach anzutun sich bemühte, und vermöge seiner listigen Schadenfreude Vergnügen findet an den

---
[7] Jes. Kap. 8, V. 6.

Irrtümern und der Verderbnis der armen Menschen, einige Male aufrührerische Kopfe entflammt hatte zum Aufruhr, wie Münzer und seines Gelichters; da verdammte er auf's Strengste jene Rasereien, und ehrte nicht allein, sondern befestigte auch die Würde und alle Bande der weltlichen Ordnung. Wenn ich aber bei mir bedenke, wie viele und große Männer in der christlichen Kirche gerade darin sich vergangen haben, so halte ich gar sehr dafür, daß sein Gemüt nicht bloß durch menschliche Sorgfalt, sondern vielmehr durch göttliche Eingebung gelenkt worden sei, daß er so standhaft innerhalb der Grenzen seines Amtes verblieben.

Er verabscheute daher nicht nur die aufrührerischen Lehrer dieser Zeit, den Münzer und die Wiedertäufer, sondern auch diejenigen römischen Bischöfe, die auf das Vermessenste und Unverschämteste in ihren aufgestellten Satzungen behauptet haben, dem Petrus sei nicht bloß das Amt, das Evangelium zu verkünden, sondern auch weltliche Herrschaft übertragen worden.

Kurz, er war allen ein Vermahner, *daß sie Gott geben sollten, was Gottes ist, und dem Kaiser, was des Kaisers ist*[8], d. h. daß sie durch wahre Buße, durch Erkenntnis und Verbreitung der wahren Lehre, durch rechte Anrufung im Gebet und den Gehorsam eines guten Gewissens Gott ehrten, ein jeder aber in allen bürgerlichen Pflichten seiner Obrigkeit, mit Scheu und Ehrerbietung,

---

[8] Matth. Kap. 22, V. 21.

um Gottes Willen, gehorchen sollte. Und so war auch Luther selbst; was Gottes ist, das gab er Gott, er lehrte recht, er betete recht zu Gott. Er hatte aber auch noch andere Tugenden, die notwendig sind an einem Menschen, der Gott gefallen soll. Endlich hat er in seinem äußerlichen Wandel auf das Standhafteste alle aufrührerischen Anschläge vermieden; und diese Tugenden halte ich für ein solches Kleinod, daß ein anderes, größeres in diesem Leben nicht gewünscht werden könne. Wiewohl nun die Tugend des Mannes selbst gar hoch zu loben ist, der von den Gaben Gottes so wohlanständig Gebrauch macht, so müssen wir dennoch vor allen Dingen Gott danken, daß er uns durch ihn das Licht des Evangeliums wiedergegeben hat; auch muß das Andenken an seine Lehre erhalten und fortgepflanzt werden.

Auch ficht mich gar nicht an das Geschrei der Epikuräer oder Heuchler, die die offenbare Wahrheit entweder verlachen oder verdammen: Ich halte vielmehr dafür, daß die Stimme der Lehre, die in unseren Kirchen gehört wird, sei der allgemeinen[9] Kirche Gottes Lehre und Meinung gewesen für und für, und daß durch die Anerkennung dieser Lehre notwendig die Anbetung und das Leben[10] geleitet werden müsse; kurz, daß es dieselbe Lehre sei, von welcher der Sohn Gottes spricht: *So jemand mich liebet, der hält mein*

---

[9] Katholischen.
[10] Eines Christen.

Wort, und mein Vater wird ihn lieben, und wir werden zu ihm kommen und Wohnung bei ihm finden[11]. Ich rede nämlich von dem Hauptinhalte der Lehre, wie derselbe in unseren Kirchen von frommen und gelehrten Leuten verstanden und erklärt wird. Denn obschon zuweilen die einen mehr, die anderen weniger genau und deutlich etwas erklären, oder der eine zuweilen etwas unglimpflicher redet, als der andere, so herrscht dennoch in der Hauptsache unter frommen und gelehrten Leuten völlige Übereinstimmung.

Kapitel 13.

Von den vier Veränderungen in der christlichen Lehre, die seit den Aposteln eingetreten sind.

Mir scheinen, nachdem ich oft und viel nachgedacht habe über die Lehre zu allen Zeiten von den Aposteln an, seit ihrer ersten Reinheit insbesondere vier ausgezeichnete Veränderungen mit derselben vorgegangen zu sein.
Das Zeitalter des Origenes, obschon in demselben einige Rechtgläubige waren, wie ich vom Methodius glaube, welcher die Deuteleien des Origenes mißbilligte, verdrehte dennoch in den Gemütern der Menge das Evangelium in eine Philosophie, d. h. verbreitete die Überzeugung, daß eine mäßige Zucht nach den Lehren der

---

[11] Joh. Kap. 14, V. 23.

Vernunft die Vergebung der Sünden schon verdienen könne, und die Gerechtigkeit sei, von welcher es heiße: *Der Gerechte wird seines Glaubens leben*[12]. Dieses Zeitalter verlor beinahe ganz den Unterschied zwischen Gesetz und Evangelium, und verlernte die Rede der Apostel. Denn es behielt nicht bei den ursprünglichen Sinn der Worte: Buchstabe, Geist, Gerechtigkeit, Glaube. Wo aber die eigentliche Deutung der Worte verlorengegangen, da muß auch, weil dieselben Zeichen sind für Sachen, notwendig auch ein anderer Sinn von den Sachen entstehen. Aus diesem Samen ist der Irrtum des Pelagius entsprossen, der sich weit verbreitet hat. Also hat Origenes, da die Apostel die reine Lehre, oder klare und höchst heilsame Brunnen in die Kirche geleitet hatten, viel Kot eingeschüttet. Auf daß die Irrtümer dieses Zeitalters wenigstens zum Teil verbessert würden, erweckte Gott den Augustinus. Dieser reinigte die Brunnen ziemlichermaßen, und ich zweifle nicht, daß, wenn er Richter sein sollte über die Streitigkeiten jetziger Zeit, er uns ganz und gar beistimmen würde. Zum wenigsten über die Vergebung aus Gnaden, über die Gerechtigkeit des Glaubens, den Gebrauch der Sakramente und über Dinge, worüber keine göttlichen Gebote vorhanden sind (Adiaphora), stimmt er ausdrücklich mit uns überein. Und wiewohl er hier mehr, dort weniger deutlich und klar auseinandersetzt, was er will, so würde

---

[12] Röm. Kap.1, V. 17. u. Gal. Kap. 3, V. 12.

dennoch der Leser, wenn er nur Aufrichtigkeit und Geschicklichkeit im Urteilen mit zu ihm brächte, wohl gewahr werden, daß er unserer Meinung sei. Denn daß unsere Widersacher zuweilen aus ihm abgerissene Sprüche gegen uns anführen, und mit großem Geschrei sich auf die Väter berufen, das tun sie nicht aus Liebe zur Wahrheit und zum Altertume, sondern aus argem Trug suchen sie ihren jetzigen Greuel durch das Ansehen der Alten zu beschönigen, die doch mit diesem Aberglauben der späten Zeit noch ganz unbekannt waren.

Doch das ist offenbar, daß der Same des Aberglaubens schon zu jener Zeit der Väter vorhandengewesen sei. Deshalb hat Augustinus auch schon einiges von den Gelübden festgesetzt, wenn er gleich davon auch glimpflicher redet, als die übrigen. Es pflegen immer die Gebrechen der Zeit einzelnen, auch selbst redlichen Menschen einige Albernheiten anzuhängen, weil wir den gerade bestehenden Gebräuchen, in denen wir aufgewachsen sind, wie denen des Vaterlandes, gewogen bleiben, und wahr ist, was dort Euripides sagt:

Lieblich ist, was mit uns aufgewachsen.

Möchten nur alle, die da vorgeben, des Augustinus Meinung zugetan zu sein, beständig dessen Sinn, und so zu sagen dessen Herz beibehalten, nicht bloß verstümmelte Sprüche nach ihren Einbildungen verdrehen!

Das in den Schriften des heiligen Augustinus wieder angezündete Licht ist den Nachkommen sehr nütz gewesen. Denn nachher folgen Prosper, Maximus, und Hugo und ähnliche, die der Lehre vorgestanden haben, bis auf des heiligen Bernhard Zeit, fast ganz der Richtschnur des Augustinus. Inzwischen aber trat, bei dem fortdauernden Wachstume der Herrschaft und der Reichtümer der Bischöfe, gleichsam das Zeitalter der fabelhaften Giganten ein. Ruchlose und ungelehrte Menschen regierten in der Kirche, von denen einige in den Künsten des römischen Hofes, oder auch in der gerichtlichen Gelehrsamkeit einige Bildung besaßen.

Nun traten die Dominikaner und Franziskaner auf, welche, da sie die Schwelgerei und den Überfluß der Bischöfe sahen, und die ruchlosen Sitten verabscheuten, ein züchtigeres Leben anordneten, und sich gleichsam in die engen Schranken der Kirchenzucht einschlossen. Aber gleich anfangs vermehrte der Unverstand den Aberglauben. Nachher, als sie sahen, daß die wissenschaftlichen Bemühungen in den Schulen bloß auf die Lehre von den menschlichen Rechten und Gerichten angewandt würden, weil zu Rom die Rechtsstreitigkeiten vielen großes Ansehen und Reichtum verschafften, so versuchten sie die Menschen wieder zum Erlernen der göttlichen Lehre zurückzurufen. Aber es mangelte ihnen an rechtem Geschick. Albert und seines Gleichen, die der Lehre des Aristoteles ergeben waren, fingen an aus der Lehre der Kirche eine Menschenlehre und

Wortweisheit zu machen. Und dieses Zeitalter goß nicht bloß Kot, sondern überdies auch noch Gift, das heißt Meinungen, die offenbare Abgötterei gestatteten, in die Brunnenquellen des Evangeliums. Es sind so viele Irrlehren und falsche Meinungen im Thomas, Scotus und ähnlichen, daß die verständigeren Gottesgelehrten stets nach einer anderen, einfacheren und lautereren Lehrart Verlangen getragen haben.

Kapitel 14.

Notwendigkeit der Reformation. Gebet. Luthers Tod.

Es kann ohne große Unverschämtheit nicht gesagt werden, daß eine Umänderung dieser Lehre nicht nötig gewesen sei; da offenbar ist, daß ein großer Teil der Spitzfindigkeiten in jenen gelehrten Untersuchungen[13] nicht einmal von solchen verstanden werde, die in dieser Lehrart grau geworden sind. Überdies wird Abgöttereiwut ganz deutlich bestätigt, wo man lehrt, daß das Opfer verdienstlich sei um des bloßen Wortes willen, wo man die Anrufungen der Bilder entschuldigt, wo man leugnet, daß die Sünde ohne unser Verdienst durch den Glauben erlassen werde, wo man aus menschlichen Gebräuchen eine Quälstätte der Gewissen macht; und noch

---

[13] Disputationen.

viele andere scheußliche und ruchlose Dinge, woran schon der Gedanke mir Entsetzen verursacht.

Darum laßt uns Gott danken, den ewigen Vater unseres Herrn Jesus Christus, daß es ihm gefallen hat, durch den Dienst Martin Luthers den Brunnen des Evangeliums von dem Unrat und Gifte zu reinigen, und die lautere Lehre der Kirche wiederherzustellen. Alle Frommen des ganzen Erdkreises, wenn sie dieses bedenken, müssen ihre Gebete und Seufzer vereinigen und mit inbrünstigem Herzen flehen, daß Gott wolle bestätigen, was er in uns gewirkt hat, um seines heiligen Tempels willen. Dein ist dies Wort und die Verheißung, o du lebendiger und wahrer Gott, ewiger Vater unseres Herrn Jesu Christi, Du Schöpfer aller Dinge und Deiner Kirche: *Um meines Namens willen will ich mich Euer erbarmen, um meinetwillen, ja um meinetwillen will ich's tun, auf daß ich nicht gelästert werde*[14]. Ich flehe Dich von ganzem Herzen, daß Du um Deines Ruhmes und um Deines Sohnes willen allezeit Dir unter uns auch eine ewige Kirche sammelst durch das Wort des Evangeliums; daß Du, um Deines Sohnes, unseres Herrn Jesu Christi willen, der für uns gekreuzigt worden und auferstanden ist, als Mittler und Fürsprecher, unsere Herzen regierst durch den Heiligen Geist, auf daß wir Dich wahrhaft anrufen und Dir wohlgefälligen Gehorsam leisten.

---

[14] Jes. Kap. 48, V. 11.

Du wollest auch regieren unsere Mühe und Arbeit in der Lehre, und diese weltliche Ordnung und Zucht, die Herberge Deiner Kirche und ihrer Lehre, gnädiglich führen und erhalten. Dieweil Du denn das Menschengeschlecht gegründet hast, daß Du von den Menschen erkannt und angerufen werdest, (weßhalb Du Dich auch durch glänzende Zeugnisse geoffenbart hast,) so wollest Du diese Herden nicht vertilgen lassen, unter welchen Deine Lehre verkündigt wird. Dieweil auch Dein Sohn, unser Herr Jesus Christus, da er seinen Leiden entgegengehen wollte, für uns gebetet hat: *Vater, heilige sie in Deiner Wahrheit, Dein Wort ist die Wahrheit*[15]; so vereinigen wir mit dem Gebete dieses unseres Hohepriesters unsere Bitte, und flehen zugleich mit ihm, daß Deine Lehre immer leuchte unter dem Menschengeschlecht und uns leite!

Solch Gebet hörten wir Luther täglich beten, und unter diesen Bitten ist auch seine Seele aus diesem sterblichen Leibe sanft abgerufen worden, als er bereits das dreiundsechzigste Jahr seines Alters erreicht hatte.

---

[15] Joh. Kap. 17, V. 17.

Kapitel 15.

Seine Schriften.

Die Nachwelt besitzt zahlreiche Denkmäler sowohl seiner Gelehrsamkeit, als seiner Frömmigkeit. Er hat erstens Lehrschriften ausgehen lassen, in welchen er eine den Menschen heilsame und notwendige Lehre zusammengefaßt hat, unterweisend die frommen Gemüter in der Buße, dem Glauben und den wahren Früchten des Glaubens; ferner vom Gebrauch der Sakramente, vom Unterschied des Gesetzes und des Evangeliums, vom Unterschied des Evangeliums und der menschlichen Weisheit, von der Würde der weltlichen Ordnung, und überhaupt von den vornehmsten Hauptstücken der Lehre, die man in der christlichen Kirche halten muß. Dazu hat er Streitschriften gefügt, in welchen er viele, den Menschen schädliche Irrtümer widerlegt. Zuletzt hat er auch erklärende Schriften herausgegeben, d. h. viele Auslegungen über die Propheten und die Schriften der Apostel; in welcher Art auch selbst seine Feinde eingestehen, daß er aller Auslegungen, so viele bis jetzt vorhanden, weit übertreffe.

Daß diese Verdienste groß seien, sehen alle frommen Gemüter wohl ein. Aber fürwahr dem Nutzen und der Arbeit dieser Werke kommt vollkommen gleich die Verdeutschung des Alten und Neuen Testaments, worin eine solche Klarheit herrscht, daß selbst das Deutsch, dem der es liest, die Stelle einer Auslegung wohl vertreten mag. Doch ist sie nicht bloße Dolmetschung, sondern es finden sich ihr auch noch sehr gelehrte Erläuterungen angefügt, und Inhaltsangaben der einzelnen Abschnitte, die sowohl den Hauptinhalt der göttlichen Lehre anzeigen, als auch von der Eigenschaft der Rede den Leser unterrichten, auf daß die frommen Seelen aus den Quellen selbst die sicheren Zeugnisse der Lehre schöpfen können. Denn Luther wollte die Herzen aller in seinen Schriften nicht aufhalten und herumführen, sondern zu den Urquellen hinleiten. Er wollte, daß wir das Wort Gottes selbst hörten, und durch dasselbe wollte er den wahren Glauben und die rechte Anrufung in vielen entflammen, auf daß Gott wahrhaft gepriesen werde und viele Erben würden des ewigen Lebens.

Kapitel 16.

Schluß.

Solchen Willen und so große Anstrengungen geziemt es nicht nur mit dankbarem Herzen zu preisen, sondern auch, als eines Vorbildes, derselben eingedenk zu sein, auf daß auch wir, ein jeder nach seiner Weise, uns befleißigen, der Kirche zur Zierde zu gereichen. Denn auf diese zwei Endzwecke besonders muß unser ganzes Leben und alle Bemühungen und Anschläge unseres Lebens bezogen werden, zuförderst, daß wir Gottes Ruhm verherrlichen, sodann aber, daß wir der Kirche nütz seien. Von dem einen sagt Paulus: *Alles tut zur Ehre Gottes*[16]. Von dem anderen heißt es im 122. Psalm: *Wünschet Jerusalem Glück*. Und in demselben Verse wird die süße Verheißung hinzugefügt, daß es denen, die Gottes Gemeinde lieben, glücklich und wohl gehen werde.

Diese himmlischen Gebote und Verheißungen mögen alle aufmuntern, die Lehre der Kirche Christi recht zu lernen, die Diener des Evangeliums und heilsamen Lehrer lieb und wert zu halten, und alle Mühe und Fleiß darauf zu verwenden, daß die wahre Lehre immer mehr und mehr verbreitet und Friede und Eintracht in der wahren Kirche Christi stets erhalten werde, lebe wohl, geliebter Leser.

Wittenberg, am Ersten des Juni, 1546.

---

[16] Kor. Kap. 10, 31.